UN REGIME

SAINT ET SANS

LAITIERS

Recettes simples et délicieuses pour cuisiner avec
des aliments entiers avec un régime restrictif

JAVIER MARTIN

Tous les droits sont réservés.

Avertissement

TABLE DES MATIÈRES

INTRODUCTION

Dessert au citron aigre-doux sans farine

Boulettes de thon cuites au four saines

Gâteau au poulet fitness

Salade légère de raisins à la crème sure

Salade sportive de nouilles aux légumes et au thon

Glace au cacao saine

Barres de gâteau au fromage protéinées aux pommes

Salade fitness au thon, pois et fromage

Salade de thon santé à la betterave et aux noix

Salade de fruits de courgettes légère avec sauce au citron vert

Quinoa au guacamole

Sandwich au thon santé

Biscuits aux amandes et à la noix de coco remplis de glace à la banane

Salade de brocoli santé avec fromage cottage, thon et maïs

Conclusions

INTRODUCTION
RÉGIME SANS PRODUITS LAITIERS

Le lait de vache est un aliment complet, riche en nutriments et particulièrement nécessaire pendant la saison de croissance mais ces dernières années, de nombreuses recherches suggèrent que le lait a aussi ses inconvénients et que tout n'est pas bénéfique pour la santé. Un régime sans produits laitiers implique d'exclure le lait d'origine animale et tous ses dérivés, qui sont nombreux: beurre, fromages, yaourts, crème, glace ... sans compter tous les produits transformés qui peuvent en contenir.

Certaines personnes ont différents degrés d'allergie aux protéines du lait, principalement la caséine, ainsi qu'une intolérance à ses sucres, avec Diary en premier lieu. Dans ces cas, l'élimination des produits laitiers est essentielle pour éviter les effets indésirables qui peuvent aller de problèmes digestifs tels que nausées ou diarrhées, à des complications au niveau du système respiratoire.

Les bienfaits d'un régime sans produits laitiers

1. Amélioration de la digestion

Comme nous l'avons dit, le lait de vache est un aliment de grande valeur nutritionnelle mais il faut tenir compte de sa teneur élevée en matières grasses, 3,7%, qui sont majoritairement saturées. Il faut également noter sa richesse en sucres, principalement Diary, un glucide qui, en général, est difficile à digérer et est pratiquement impossible pour les personnes qui manquent des enzymes responsables de sa dégradation, elles développent donc une intolérance. Pour tout cela, l'élimination des produits laitiers dans de nombreux cas signifie des digestions nettement plus légères.

2. Évitez le reflux et autres problèmes gastro-intestinaux

En relation avec ce qui précède, certaines études confirment que plus de 70% de la population mondiale souffre d'un certain degré d'intolérance au journal (beaucoup ne le savent pas). Des affections courantes telles qu'un simple mal d'estomac, des crampes ou des crampes, des nausées ou un excès de gaz peuvent être causées par une consommation excessive de produits laitiers. Le lait n'est pas le meilleur allié de la gastrite ou du reflux, car, en raison de son effet «rebond», il augmente l'acidité.

3. Favorise le bon état des voies respiratoires

C'est un autre avantage qui, selon certains experts, produit la suppression des produits laitiers. La raison en est que sa présence continue dans l'alimentation favorise l'apparition et l'augmentation du mucus, compliquant les affections respiratoires telles que l'asthme.

4. Risque plus faible de développer certains types de cancer

Sans être alarmiste, car cette affirmation n'est pas confirmée, certaines enquêtes lient la consommation continue de lait de vache et de ses dérivés à l'apparition d'un cancer de la prostate et de l'ovaire. On pense également que le lait contribue au syndrome du côlon irritable.

5. Amélioration des conditions cutanées

En raison des traitements hormonaux (stéroïdes et anabolisants) auxquels les bovins sont souvent soumis, l'élimination des produits laitiers peut contribuer à l'amélioration de l'état de la peau en général, provoquant des problèmes tels que l'acné.

6. Moins de cholestérol

Les chiffres parlent d'eux-mêmes. Le lait de vache entier contient 14% de cholestérol. Il est clair que les personnes qui ont un taux élevé de mauvais cholestérol dans le sang devraient s'en passer ou au moins limiter leur consommation.

Comme vous pouvez le voir, le lait n'est pas dans tous les cas un aliment aussi sain qu'on l'a toujours cru. Peut-être pour cette raison, de nombreuses personnes l'ont éliminé de leur alimentation, que ce soit pour des raisons de santé ou de conviction personnelle. Dans ces cas, il faut tenir compte du fait qu'il faut substituer les produits laitiers d'origine animale à d'autres aliments qui nous apportent les nutriments essentiels qu'il contient, c'est-à-dire ses vitamines et minéraux essentiels tels que le calcium, le phosphore, la vitamine D ou ceux de groupe B (B2 et B12). Le lait végétal, le soja, l'amande, la noix et certains aliments comme le brocoli, le chou frisé ou le cresson sont particulièrement recommandés si vous supprimez le lait de votre alimentation.

Qui a besoin de nourriture sans journal ?

Les aliments sans journal contiennent du sucre du lait déjà décomposé. Étant donné que votre corps n'a pas l'enzyme lactase, qui décompose normalement le sucre du lait, ces aliments sont plus faciles à digérer pour les personnes intolérantes au lactose. Les personnes sans cette intolérance ne tirent aucune valeur ajoutée de la consommation d' aliments sans journal , même si cela est souvent supposé.

Journal - Liste des aliments gratuits

À l'exception du lait, des produits laitiers et du fromage, les aliments sont naturellement sans lactose. Le régime le plus sûr est donc un régime dans lequel autant d'aliments frais et non transformés que possible sont sélectionnés et le lait et les produits laitiers frais sont remplacés par des alternatives sans journal .

Les aliments suivants ne contiennent pas de lactose:

- Jus de fruits, eau minérale, thé, café
- fruit
- des légumes
- Noix et amandes
- Légumineuses, tofu
- Pommes de terre, pâtes, riz
- Céréales, flocons de céréales
- Lait et produits laitiers sans journal
- Fromage à pâte dure et mi-dure
- Œuf de poule, œuf à la coque, œuf au plat

- Viande et produits à base de viande tels que les rôtis froids, le rôti de bœuf, le corned-beef
- Saucisse (renseignez-vous sur les ingrédients)
- poisson et fruits de mer
- huiles végétales naturelles, margarine sans journal , beurre clarifié, (beurre)
- Herbes, épices
- Miel, confiture
- Sirop de betterave à sucre, mélasse, chou pomme, chou poire
- Gommes aux fruits sans yogourt

RECETTES **SANS PRODUITS LAITIERS**

CITRON DE POULET AVEC BROCCOLI

Ingrédients pour 4 portions

- 2 filets de poitrine de poulet (environ 500 g)
- 1 kg de brocoli surgelé
- 1 oignon (moyen)
- 4 gousses d'ail
- 1 boîte de lait de coco (400 ml)
- 2 cuillères à café de bouillon de légumes
- 2 cuillères à café de bouillon de volaille
- 1 citron
- 2 cuillères à soupe de persil (frais)

- 2 cuillères à café de fécule de maïs
- 1 cuillère à soupe d'huile de coco
- ½ cuillère à café de sel
- 1 cuillère à café de poivre noir

Temps de préparation: 10 min

préparation

1.　　Tamponnez les filets de poitrine de poulet avec une serviette en papier et coupez-les en deux. Épluchez l'oignon et hachez-le finement. Épluchez l'ail et passez-le dans un presse-ail. Lavez le citron. Pressez le jus d'un demi-citron. Coupez l'autre moitié du citron en tranches. Lavez et hachez grossièrement le persil.

2.　　Mettez les brocolis dans une casserole avec un peu d'eau et le bouillon de légumes. Porter à ébullition et retirer du feu dès que le brocoli est cuit ferme jusqu'à la morsure.

3.　　Pendant que le brocoli cuit à la vapeur, chauffer l'huile de noix de coco dans une poêle antiadhésive à feu moyen à élevé. Faites frire les filets de poitrine de poulet env. 5 minutes de chaque côté, jusqu'à ce qu'ils soient bien dorés. Placer le poulet sur une assiette et réserver.

4.   Réduisez le feu à feu moyen. Ajouter les oignons, l'ail, le sel et le poivre et faire revenir environ 1 minute en remuant de temps en temps.

5.   Incorporer le lait de coco, le bouillon et le jus de citron et porter à ébullition. Mélanger 2 cuillères à café de fécule de maïs et 2 cuillères à café d'eau dans un verre avec une fourchette et incorporer à la sauce. Remettre le poulet dans la poêle et laisser mijoter jusqu'à ce que la sauce épaississe légèrement. Garnir le poulet au citron de persil et de quartiers de citron. Servir ensuite avec le brocoli.

Information nutritionnelle / 1 portion

- Énergie 486 Kcal
- glucides 16 g
- Protéines 43 g
- Lipides 26 g

Salade de couscous au thon

Ingrédients pour 1 portion

- 150 g de thon dans son jus
- 1/4 tasse de couscous
- 1/4 d'oignon
- basilic frais
- Sel de mer, poivre (au goût)

Préparation

Préparation 1 0 minutes

1.   Coupez l'oignon en petits morceaux et placez-le dans une casserole avec le couscous.

2.   Ajouter ½ tasse d'eau, assaisonner de sel et de poivre et cuire jusqu'à ce que le couscous ait complètement absorbé l'eau.

3.   Mélanger le couscous cuit avec le thon (pressé) et le basilic frais finement haché et servir chaud avec de la laitue, du paprika ou d'autres légumes frais.

Information nutritionnelle / 1 portion

- Énergie 275 Kcal
- glucides 28 g
- Fibres 2 g
- Protéines 34 g
- matières grasses 2 g

Casserole de caillé de fruits

Ingrédients pour 2 portions

- 2 petites pommes
- 200 g de fraises (ou autres fruits)
- 2 bananes
- 200 g de fromage blanc
- 150 g de yaourt
- Noix, raisins secs, noix de coco séchée, etc. (facultatif)
- Cannelle (facultatif)
- 1 œuf (facultatif)

Préparation

Préparation 40 minutes

1.   Râpez les pommes ou coupez-les en petits morceaux. Placer au fond d'un petit plat allant au four (par exemple une boîte à pain) et superposer les fraises ou autres fruits sur le dessus. Le fruit peut être saupoudré de cannelle.

2.   Dans un bol, écraser les bananes à la fourchette et ajouter le fromage blanc et le yogourt. Mélangez bien la masse. Vous pouvez également ajouter des noix, de la noix de coco séchée ou des raisins secs - au goût. Versez le fromage blanc fini sur les fruits et faites cuire la cocotte pendant 30 à 35 minutes à 180 degrés. Sortez la casserole lorsqu'elle devient brune sur le dessus et servez tiède ou froid.

3.   La casserole finie ne tiendra pas sa forme, mais elle est délicieuse! Si vous voulez qu'il garde sa forme, ajoutez un œuf à la garniture de quark.

Information nutritionnelle / 1 portion

- Énergie 367 Kcal
- glucides 57 g
- Fibre 10 g
- Protéines 28 g
- lipides 1 g

Spaghettis aux carottes et persil au pesto de basilic

Ingrédients pour 4 portions

- 500 g de carottes
- 250 g de persil
- 100 g de fromage (facultatif)
- Pour le pesto:
- 2 gousses d'ail
- 1/4 tasse de noix (je recommande celle-ci)
- 2 tasses de basilic frais
- 1/2 tasse d'huile d'olive
- 1/2 tasse de parmesan râpé
- Sel de mer et poivre (au goût)

Préparation

Préparation 15 minutes

1. Râpez les carottes et le persil en spaghettis avec une râpe ou un éplucheur.

2. Mélangez tous les ingrédients du pesto, sauf le poivre et le sel, dans le mélangeur aussi doucement que possible.

3. Enfin, assaisonnez de sel de mer et de poivre.

4. Mélangez le pesto fini avec les légumes préparés, saupoudrez éventuellement de fromage râpé et servez.

5. Conservez le pesto restant au réfrigérateur dans un contenant scellé.

Information nutritionnelle / 1 portion

- Énergie 445 Kcal
- glucides 10 g
- Fibres 6 g
- Protéines 10 g
- matières grasses 40 g

PELUCHE CUIT AVEC MOZZARELLA ET FRUITS À COQUE

Ingrédients pour 10 portions

- 400 g de pastèque
- 40 g de mozzarella
- 40 g de noix (pignons de pin / noix de cajou / pistaches / noix de coco séchée) (je les recommande)

Préparation

Préparation 15 minutes

1.   Préchauffez le four à 170 degrés.

2.   Coupez le melon en triangles et placez-le sur un plat allant au four.

3.   Déposer un morceau de mozzarella sur chaque triangle et saupoudrer de noix hachées.

4.   Cuire au four pendant 8 à 10 minutes, jusqu'à ce que la mozzarella soit au moins partiellement fondue.

5.   Sortez du four, assaisonnez de poivre si nécessaire et laissez refroidir brièvement.

Information nutritionnelle / 1 tranche

- Calories 45 Kcal
- glucides 4 g
- Fibres 1 g
- Protéines 2 g
- graisse 3 g

COUPES DE NOIX DE COCO AVEC PUDDING AU JAUNE D'ŒUF

Ingrédients pour 8 portions

Pour la pâte:

- 5 blancs d'œufs
- 1,5 tasse de noix de coco séchée
- 3 cuillères à soupe de miel

Pour le remplissage:

- 5 jaunes d'oeuf
- 1/2 paquet de poudre de gélatine
- 5 cuillères à soupe d'eau
- 1,5 tasse de lait
- 3 cuillères à soupe de miel
- 1 cuillère à soupe de saveur vanille

- 3 cuillères à soupe de farine de pois chiches
- 3 cuillères à soupe de yaourt
- 3 cuillères à soupe de noix de coco séchée

Préparation

Préparation 2 5 minutes

1.   Préparez d'abord la pâte. Mélangez les blancs d'œufs dans un bol avec la noix de coco séchée et le miel (ou un autre édulcorant). Avec cette recette, il n'est pas nécessaire de battre les blancs d'œufs. Versez la pâte obtenue dans le plat de cuisson recouvert de papier sulfurisé. Cuire au four pendant 20 minutes à 175 degrés jusqu'à coloration dorée.

2.   Préparez le pouding au jaune d'œuf pendant la cuisson. Mélangez la poudre de gélatine avec 5 cuillères à soupe d'eau et laissez gonfler. Ajoutez ensuite les jaunes d'œufs, le miel (ou un autre édulcorant) et l'arôme de vanille et mélangez bien. Ajouter le lait mélangé à la farine de pois chiches et cuire le mélange obtenu en remuant

constamment. Lorsque le pudding commence à bouillir, ajoutez de la noix de coco séchée. Après 3 minutes, retirez le pudding du feu et incorporez le yogourt. Cela affine le goût du pudding.

3.   Maintenant, coupez la pâte, qui a refroidi après la cuisson, en deux et placez la moitié dans un récipient / plat plus petit. Répartir le pouding au jaune d'œuf sur cette couche et recouvrir de l'autre moitié de la pâte. Placer dans un récipient scellé au réfrigérateur pendant une nuit ou au moins 7 heures et laisser prendre.

Information nutritionnelle / 1 tranche

- Énergie 170 kcal
- glucides 17 g
- Fibres 2 g
- Protéines 7 g

Salade de thon au fromage cottage, maïs et noix

Ingrédients pour 1 portion

- 150 g de thon dans son jus
- 30 g de maïs
- 100 g de fromage cottage
- 20 g de noix (je recommande celle-ci)
- salade
- 1 pincée de paprika en poudre
- 1 pincée de poivre moulu
- 1 pincée d'épices à l'ail
- 1 pincée de sel de mer

Préparation

Préparation 5 minutes

1. Coupez la laitue en petits morceaux et placez-la sur une assiette.

2. Mélangez le thon (pressé) avec le fromage cottage, le maïs et les épices dans un bol.

3. Ajouter les noix et répartir le tout sur la salade préparée. Sers immédiatement.

Information nutritionnelle / 1 portion

- Énergie 393 Kcal
- glucides 13 g
- Fibres 3 g
- Protéines 54 g
- matières grasses 15 g

GÂTEAU À L'AVOCAT À LA LIME CRUE

Ingrédients pour 8 portions

- 1/2 tasse de dattes
- 1 tasse d'amandes (je recommande celle-ci)
- 1 tasse de noix de cajou (je recommande celle-ci)
- 1/2 tasse de noix de coco séchée
- 3 avocats
- 2 bananes
- Jus et zeste de 3 limes
- 4 cuillères à soupe de miel

Préparation

Préparation 15 minutes

1. Mélangez les noix, les dattes et la noix de coco séchée dans un mélangeur. Presser la pâte obtenue dans un moule à gâteau et placer au réfrigérateur.

2. Rincer le mixeur et ajouter les ingrédients restants pour la mousse de citron vert et d'avocat: avocat, bananes, miel (ou autre édulcorant), jus de citron vert et zeste. Mélangez le tout soigneusement. Après avoir mélangé, essayez la mousse et ajoutez plus de jus de citron vert ou plus de miel - selon que vous voulez que le gâteau soit aigre ou sucré.

3. Maintenant, appliquez la mousse sur la pâte préparée. Mettez le gâteau au réfrigérateur toute la nuit ou pendant au moins 8 heures. Avant de servir, vous pouvez décorer le gâteau avec du citron vert ou de la noix de coco séchée.

Information nutritionnelle / 1 tranche

- Calories 375 Kcal
- glucides 25 g
- Fibres 7 g
- Protéines 8 g
- matières grasses 27 g

Dés de pois chiches sucrés

Ingrédients pour 16 portions

- 250 g de pois chiches (secs) ou 500 g de pois chiches cuits
- 1 tasse de flocons d'avoine (je recommande celui-ci)
- 1/4 tasse de compote de pommes non sucrée
- 1 à 1,5 tasse de miel
- 3 cuillères à soupe d'huile (huile de coco ou autre) (je recommande celle-ci)
- Pépites de chocolat 70% ou plus (au goût)
- Raisins secs / fruits secs / noix (facultatif)
- 2 cuillères à café d'extrait de vanille
- 1/2 cuillère à café de soda

- 2 cuillères à café de bicarbonate de soude
- 1/8 cuillère à café de sel de mer

Préparation

Préparation 50 minutes

1.   Broyez les flocons d'avoine ou mélangez-les finement. Mélangez tous les ingrédients à l'exception des pépites de chocolat (ou des fruits secs et des noix) dans un bol. Divisez le mélange en deux (ou plus) parties, puis mélangez-les dans le mélangeur. Cependant, pas dans un grand mixeur de cuisine, car la masse est trop sèche pour cela, mais dans un petit hachoir, qui est disponible comme accessoire pour le mixeur plongeant. Si vous ne l'avez pas, essayez le mixeur plongeant.

2.   Lorsque tout le mélange est complètement mélangé et bien mélangé, ajoutez les pépites de chocolat (éventuellement aussi les fruits secs et les noix).

3. Mettez la pâte dans une petite casserole / une cocotte / un moule à gâteau. La taille de la forme doit être choisie en fonction de l'épaisseur souhaitée du gâteau. Cependant, je recommande que le gâteau fasse environ 3 à 4 cm d'épaisseur, il a meilleur goût alors.

4. Faites cuire le gâteau pendant 35 à 40 minutes à 180 degrés (vérifiez encore et encore pour qu'il ne brûle pas).

5. Ensuite, laissez refroidir le gâteau et mettez-le au réfrigérateur pendant une nuit, car le lendemain, il a encore meilleur goût. Conserver au réfrigérateur.

Information nutritionnelle / 1 tranche

- Calories 125 Kcal
- glucides 23 g
- Fibres 2 g
- Protéines 2 g
- graisse 3

Piña colada saine

Ingrédients pour 4 portions

- 1 boîte de lait de coco (pleine teneur en matières grasses)
- 2 boîtes d'ananas dans son jus (ou 500 g d'ananas frais)
- 1 tasse de glaçons
- Noix de coco desséchée pour saupoudrer

Préparation

Préparation 7 minutes

1. Mélanger tous les ingrédients à l'exception de la noix de coco séchée dans le mélangeur pendant env. 30 secondes.

2. Servez la piña colada immédiatement après l'avoir mélangée.

3. Saupoudrer de noix de coco séchée ou décorer avec un morceau d'ananas.

4. Pour la préparation de popsicle, il suffit de distribuer la piña colada préparée dans des moules à popsicle et de la mettre au congélateur pendant au moins 2 heures.

Information nutritionnelle / 1 portion

- Énergie 245 Kcal
- glucides 19 g
- Fibres 2 g
- Protéines 2 g
  - matières grasses 17 g

Dessert au citron aigre-doux sans farine

Ingrédients pour 10 portions

Pour la base de gâteau:

- 1 tasse de flocons d'avoine (je recommande celui-ci)
- 1/2 tasse de noix de coco séchée
- 1 pincée de sel de mer
- 1/2 cuillère à café de bicarbonate de soude
- 1 oeuf
- 2 cuillères à soupe d'huile de coco fondue (je recommande celle-ci)
- 2 cuillères à soupe de miel
- 3 cuillères à soupe de compote de pommes

Pour la garniture au citron:

- 3-4 cuillères à soupe de miel
- 7 oeufs
- Jus et zeste de 4 citrons
- 2 cuillères à soupe de fécule de maïs

Préparation

Préparation 4 5 minutes

1. Broyez les flocons d'avoine et la noix de coco en une farine fine.

2. Bien mélanger avec le reste des ingrédients de la pâte dans un bol.

3. Verser la pâte dans un moule en silicone ou un moule à gâteau recouvert de papier sulfurisé et cuire au four pendant 8 à 10 minutes à 180 degrés Celsius jusqu'à ce qu'elle soit dorée.

4. Dans un bol, fouettez les œufs avec le miel, la fécule de maïs, le jus de citron et le zeste de citron.

5.   Versez la garniture sur la base cuite et faites cuire à nouveau pendant 25 minutes à 150 degrés Celsius.

6.   Après la cuisson, placez le gâteau au réfrigérateur pendant au moins 4 heures afin que le dessert puisse refroidir correctement.

Information nutritionnelle / 1 tranche

- Énergie 183 Kcal
- glucides 18 g
- Fibres 2 g
- Protéines 6 g
- matières grasses 11 g

Boulettes de thon cuites au four saines

Ingrédients pour 1 portion

- 250 g de thon ou de saumon (en conserve ou frais)
- 20 g de flocons d'avoine (je recommande celui-ci)
- 1 oeuf
- sel de mer
- poivre moulu
- Épice à l'ail

Préparation

Préparation 2 5 minutes

1.   Broyez ou hachez finement les flocons d'avoine.

2.   Pétrir ensuite dans un bol avec le thon ou le saumon (jus du poisson en conserve), l'œuf et les épices jusqu'à obtenir une masse selon le goût.

3.   Façonnez la pâte en boules et étalez-les sur la plaque à pâtisserie tapissée de papier sulfurisé.

4.   Cuire les boules pendant 20 minutes à 180 degrés.

5.   Servez les boules finies chaudes, de préférence avec du yaourt, de l'aneth ou de la sauce tomate.

Information nutritionnelle / 1 portion

- Énergie 350 Kcal
- glucides 12 g
- Fibres 2 g
- Protéines 57 g
- matières grasses 7 g

Gâteau au poulet fitness

Ingrédients pour 4 portions

- 1 kg de poitrine de poulet
- 100 g de flocons d'avoine (je recommande celui-ci)
- 3 oeufs
- 1 oignon
- 1 cuillère à café de sel de mer
- 1/2 cuillère à café de poivre moulu
- 1/2 cuillère à café d'assaisonnement à l'ail

Préparation

Préparation 50 minutes

1.   Mélangez les flocons d'avoine à la farine dans un mélangeur.

2.   Ajouter les œufs, la poitrine de poulet crue coupée en dés, l'oignon émincé et les épices et réduire le tout en purée pour former une pâte lisse.

3.   Versez la pâte dans un plat allant au four ou une boîte à pain en silicone et faites cuire au four pendant 40 à 45 minutes à 180 degrés jusqu'à ce qu'elle soit dorée.

Information nutritionnelle / 1 portion

- Énergie 295 Kcal
- glucides 6 g
- Fibres 1 g
- Protéines 51 g
- matières grasses 5 g

Salade légère de raisins à la crème sure

Ingrédients pour 4 portions

- 300 g de raisins verts et rouges
- 100 g de myrtilles fraîches
- 3 cuillères à soupe de yogourt grec naturel
- 3 cuillères à soupe de crème sure faible en gras
- 30 g de canneberges séchées / raisins secs
- 40 g de noix / pacanes / amandes (je les recommande)
- 1 cuillère à soupe de graines de chia (je les recommande)
- 1 gousse de vanille (ou 1/2 cuillère à café d'extrait de vanille)

Préparation

Préparation 15 minutes

1.   Mélangez le yogourt avec la crème sure dans un bol.

2.   Incorporer diverses graines et grains tels que les graines de vanille, les graines de chia, les noix, les canneberges séchées et autres.

3.   Ajoutez enfin les raisins lavés et les myrtilles.

4.   La salade a bon goût immédiatement après la préparation ou plus tard lorsqu'elle sort du réfrigérateur.

Information nutritionnelle / 1 portion

- Énergie 157 Kcal
- glucides 17 g
- Fibres 4 g
- Protéines 5 g
- matières grasses 7 g

Salade sportive de nouilles aux légumes et au thon

Ingrédients pour 2 portions

- 100 g de pâtes de blé entier (je recommande celle-ci)
- 150 g de thon (dans son jus ou huile d'olive)
- 2 poignées de laitue (jardin, salade mixte, salade printanière ...)
- 1 tomate
- 80 g de maïs
- 2 cuillères à soupe d'huile d'olive
- 4 cuillères à soupe de fromage cottage (ou plus)
- Olives (facultatif)
- 1 pincée de sel de mer

- Poivre noir ou autres épices (au goût)

Préparation

Préparation 2 5 minutes

1.   Faites cuire les pâtes dans de l'eau bouillante salée selon les instructions sur l'emballage.

2.   Rincer, hacher finement la laitue et la tomate et mettre dans un bol.

3.   Ajoutez ensuite le maïs, le fromage blanc et l'huile d'olive.

4.   Ajouter les pâtes cuites et le thon égoutté et bien mélanger la salade.

5.   Enfin, assaisonnez la salade de légumes avec du poivre et du sel de mer au goût.

Information nutritionnelle / 1 portion

- Énergie 449 Kcal
- glucides 43 g
- Fibres 7 g
- Protéines 28 g
- matières grasses 17 g

Glace au cacao saine

Ingrédients pour 2 portions

- 2-3 bananes mûres
- 4 cuillères à soupe de cacao (je recommande celui-ci)
- 3 cuillères à soupe de yogourt (grec)

Préparation

Préparation 5 minutes

1. Congelez les bananes coupées pendant une journée ou au moins 4 heures. Sortez du congélateur, mettez dans le mixeur et ajoutez le cacao et le yaourt (de préférence grec). Mélangez jusqu'à obtenir une glace épaisse. Servez la glace tout de suite. Je recommande de l'enrichir avec des fruits, des fèves de cacao ou de la noix de coco séchée.

2. Plus la glace doit être épaisse, plus les bananes congelées doivent être ajoutées. Si vous souhaitez l'adoucir davantage, je vous recommande d'ajouter quelques dates. Mettez les restes de glace au congélateur et retirez-les quelques minutes avant de les manger à nouveau. Ajoutez d'autres fruits et éventuellement du beurre d'arachide ou du fromage blanc et vous pourrez vous attendre à de nouvelles expériences gustatives.

Information nutritionnelle / 1 portion

- Énergie 148 Kcal
- glucides 27 g
- Fibres 7 g
- Protéines 6 g
- graisse 3 g

Barres de gâteau au fromage protéinées aux pommes

Ingrédients pour 5 portions

- 1 pomme plus grosse
- 2 oeufs
- 170 g de yogourt grec
- 30 g de poudre de protéines (de préférence de la poudre de protéines de vanille, sucrée à la stevia) (je recommande celle-ci)
- un peu de cannelle

Préparation

Préparation 50 minutes

1.   Coupez les pommes en petits cubes et faites-les frire à sec dans la poêle avec une pincée de cannelle (environ 3 minutes).

2.   Bien mélanger le yaourt, les œufs et la poudre de protéines dans un bol.

3.   Si vous n'utilisez pas de poudre de protéine sucrée, ajoutez un peu de stévia à la pâte au goût.

4.   Ajoutez maintenant les pommes frites et versez la pâte dans la boîte à pain tapissée de papier sulfurisé (ou d'une autre forme).

5.   Si vous utilisez un moule en silicone, vous n'avez pas besoin de papier sulfurisé.

6.   Cuire la pâte pendant 40 minutes à 180 degrés. Après la cuisson, laissez refroidir la pâte, puis sortez-la du moule et coupez-la.

Information nutritionnelle / 1 tranche

- Énergie 87 Kcal
- glucides 6 g
- Fibres 1 g
- Protéines 10 g
- graisse 3 g

Salade fitness au thon, pois et fromage

Ingrédients pour 2 portions

- 150 g de thon à l'huile d'olive
- 100 g de yogourt grec nature
- 100 g de petits pois
- 50 g de maïs
- 40 g de fromage râpé (mozzarella)
- 2 poignées de laitue
- 5 cornichons
- 1 tomate
- 1 cuillère à soupe de moutarde
- 1 cuillère à soupe de ketchup (sans sucre)
- 1 gousse d'ail

Préparation

Préparation 15 minutes

1. Lavez la laitue sous l'eau courante puis hachez-la finement.

2. Bien mélanger avec les autres ingrédients dans un bol.

3. La salade a meilleur goût immédiatement après la préparation.

Information nutritionnelle / 1 portion

- Énergie 326 Kcal
- glucides 19 g
- Fibres 5 g
- Protéines 37 g
- matières grasses 10 g

Salade de thon santé à la betterave et aux noix

Ingrédients pour 2 portions

- 2 poignées de laitue ou de pousses d'épinards
- 200 g de betteraves cuites, tranchées (ou en conserve)
- 100 g de fromage cottage ou de chèvre
- 150 g de thon à l'huile d'olive
- 2 cuillères à soupe de jus de citron
- 40 g de noix (pacanes, noix, etc.) (je les recommande)
- poivre moulu

Préparation

Préparation 8 minutes

1.   Dans un bol, mélanger le thon avec l'huile, le jus de citron, le poivre moulu et la laitue / épinards finement hachés.

2.   Ajouter la betterave, le fromage cottage et les noix et servir.

Information nutritionnelle / 1 portion

- Énergie 390 Kcal
- glucides 11 g
- Fibres 5 g
- Protéines 37 g
- matières grasses 21 g

Salade de fruits de courgettes légère avec sauce au citron vert

Ingrédients pour 2 portions

1. 1 grosse courgette
2. 200 g de fraises
3. 100 g de myrtilles
4. 50 g de canneberges / raisins secs
5. 40 g d'amandes (je recommande celle-ci)
6. Jus de 1 citron vert
7. 1 cuillère à soupe de miel

Préparation

Préparation 8 minutes

1. Mélangez le jus de citron vert dans un bol avec le miel (ou un autre édulcorant).

2. Couper les courgettes en pâtes ou en une autre forme et mélanger avec la sauce au citron vert.

3. Ajouter les autres ingrédients et bien mélanger à nouveau pour que les saveurs se combinent.

Information nutritionnelle / 1 portion

- Énergie 202 Kcal
- glucides 20 g
- Fibres 6 g
- Protéines 7 g
- matières grasses 10 g

Quinoa au guacamole

Ingrédients pour 2 portions

- 1 avocat
- 1 tomate (ou 5 tomates cerises)
- Jus de 1 citron vert
- 1/2 tasse de quinoa (sec)
- 1 gousse d'ail
- 150 g d'ananas / mangue
- salade
- du persil
- 1/4 d'oignon rouge
- 1 pincée de poivre moulu
- 1 pincée de sel de mer

Préparation

Préparation 15 minutes

1. Faites bouillir le quinoa avec 1 tasse d'eau.

2. Écrasez l'avocat dans un bol et ajoutez le jus de citron vert, l'ail pressé, le poivre et le sel et mélangez bien le tout.

3. Ajoutez maintenant les ingrédients finement hachés restants.

4. Servez la salade immédiatement ou bien fraîche.

Information nutritionnelle / 1 portion

- Énergie 341 Kcal
- glucides 41 g
- Fibres 9 g
- Protéines 9 g
- matières grasses 14 g

Sandwich au thon santé

Ingrédients pour 2 portions

- 120 g de thon dans son jus
- 1 oeuf
- 3 cuillères à soupe de farine complète (ou farine de pois chiche)
- Épice à l'ail
- poivre moulu
- poudre de poivron rouge
- sel de mer

Préparation

Préparation 20 minutes

1.   Jus de thon et bien mélanger avec l'œuf et 3 cuillères de farine.

2.   Assaisonner au goût avec des épices et du sel.

3.   Versez la pâte dans un petit plat allant au four ou un plat allant au four recouvert de papier sulfurisé.

4.   La pâte doit être étalée sur toute la surface.

5.   Il devient assez dense, il suffit donc de le répartir dans un carré d'environ 0,5 cm de haut.

6.   Cuire au four pendant 10 à 15 minutes à 180 degrés jusqu'à ce qu'ils soient dorés.

7.   Coupez la pâte à sandwich finie en deux, remplissez-la au besoin et coupez-la en diagonale.

Information nutritionnelle / 1 portion

- Énergie 135 Kcal
- glucides 8 g
- Fibres 2 g
- Protéines 17 g
- matières grasses 4 g

Biscuits aux amandes et à la noix de coco remplis de glace à la banane

Ingrédients pour 4 portions

- 100 g de farine d'amande
- 30 g de noix de coco séchée
- 3 blancs d'oeufs
- 1 à 2 cuillères à soupe de miel
- 3 bananes

Préparation

Préparation 30 minutes

1.   Placez les bananes coupées en cercles au congélateur pendant au moins 8 heures.

2.   Battez les blancs d'œufs dans un bol puis ajoutez la farine d'amande, la noix de coco séchée et le miel (ou un autre édulcorant).

3.   Remuez doucement la pâte et placez-la avec une cuillère sur une plaque à pâtisserie tapissée de papier sulfurisé.

4.   La pâte doit faire 10 biscuits.

5.   Cuire les biscuits brunâtres pendant environ 20 minutes à 200 degrés.

6.   Laissez refroidir les biscuits finis puis remplissez-les de glace à la banane.

7.   Préparation de la glace: Mélangez les bananes surgelées dans le robot culinaire.

Information nutritionnelle / 1 portion

- Énergie 238 Kcal
- glucides 20 g
- Fibres 5 g
- Protéines 8 g
- matières grasses 14 g

Salade de brocoli santé avec fromage cottage, thon et maïs

Ingrédients pour 2 portions

- 200 g de brocoli cru
- 250 g de fromage cottage
- 80 g de maïs
- 1 poignée de laitue (jardin, mélange de salade)
- 30 g de noix de cajou (je recommande celle-ci)
- 1-2 gousses d'ail
- basilic frais (au goût)
- 1 pincée de sel de mer
- 1 pincée de poivre noir (moulu)
- 1 pincée de gingembre en poudre
- 150 g de thon dans son jus

Préparation

Préparation 15 minutes

1.   Coupez le brocoli cru nettoyé en petits morceaux.

2.   Mélangez le caillé, les épices, le maïs et l'ail haché dans un bol.

3.   Ajouter le brocoli et le sel au goût.

4.   Pour augmenter la teneur en protéines, je recommande de servir la salade avec du thon dans son propre jus.

Information nutritionnelle / 1 portion

- Calories 360 Kcal
- glucides 25 g
- Fibres 4 g
- Protéines 48 g
- matières grasses 9 g

Rouleaux de boeuf aux pruneaux

Ingrédients pour 2 portions

- 2 steaks de boeuf
- 4-6 morceaux de pruneaux
- 2 tranches de bacon (ou jambon)
- 1 cuillère à soupe d'huile d'olive
- oignon
- sel de mer
- poivre
- Pour la sauce:
- 1 cuillère à soupe de farine de pois chiches
- 5 cuillères à soupe de lait
- poivre

Préparation

Préparation 40 minutes

1.   Frappez les steaks de boeuf. Puis assaisonnez de sel et de poivre. Déposer le bacon / jambon et quelques pruneaux sur chaque steak et rouler. Fixez chaque rouleau avec une aiguille à roulade.

2.   Faites maintenant légèrement revenir l'oignon avec un peu d'huile dans une marmite à vapeur ou une poêle profonde. Ajoutez les rouleaux préparés et versez de l'eau dessus. Cuire les rouleaux à la vapeur pendant environ 30 minutes jusqu'à ce qu'ils soient tendres. Vérifiez de temps en temps s'il y a encore assez d'eau dans le pot. Remplissez si nécessaire.

3.   Sortez les rouleaux finis du pot. Pour la sauce, mélangez le lait, la farine de pois chiches et le poivre. Portez la sauce à ébullition et versez-la sur les petits pains. Servir avec du riz brun et des légumes.

Information nutritionnelle / 1 portion

- Énergie 315 Kcal
- glucides 12 g
- Fibres 2 g
- Protéines 35 g
- matières grasses 13 g

Corbeille de fruits en pâte d'amande

Ingrédients pour 6 portions

- 150 g d'amandes (de préférence sans la coque) (je recommande ceci)
- 2 cuillères à soupe de miel
- 1 cuillère à soupe d'huile de coco fondue (je recommande celle-ci)
- 200 g de fruits (fraises, framboises, myrtilles, etc.)
- 4 cuillères à soupe d'eau
- 2 cuillères à soupe de poudre de gélatine 100%
- 1 cuillère à soupe de miel (facultatif)

Préparation

Préparation 15 minutes

1.   Mélangez soigneusement les amandes, l'huile de coco fondue et le miel (ou tout autre édulcorant liquide) dans un mélangeur. Appuyez sur le mélange de massepain résultant sur le fond des paniers en silicone ou d'autres moules en silicone et placez-le au congélateur.

2.   Maintenant, préparez le trop-plein de fruits: faites bouillir les fruits avec l'eau dans une casserole pendant environ 3 minutes puis mélangez avec un batteur à main ou écrasez-les avec une fourchette. Ajoutez la gélatine en poudre et éventuellement l'édulcorant à la pulpe du fruit et réchauffez le tout. Retirer du feu juste avant la cuisson.

3.   Laisser refroidir brièvement le mélange de fruits, puis le verser sur la portion de pâte d'amande. Placez les paniers finis au réfrigérateur pendant au moins 8 heures et

décorez avec des fruits avant consommation (facultatif)

Information nutritionnelle / 1 portion

- Énergie 186 kcal
- glucides 9 g
- Fibres 4 g
- Protéines 6 g
- matières grasses 14 g

Délicieuse casserole de courgettes

Ingrédients pour 4 portions

- 2 courgettes (environ 3,5 tasses de courgettes râpées)
- 2 oeufs
- 1/2 cuillère à café de sel de mer
- 1 cuillère à café de poivre moulu
- 100 g de fromage râpé (mozzarella, parmesan, etc.)

Préparation

Préparation 50 minutes

1.   Lavez et râpez les courgettes, puis pressez l'eau à la main.

2.   Mélangez le jus de courgettes dans un bol avec les œufs, le sel, le poivre et 2 cuillères de fromage.

3.   Mettez la pâte obtenue dans un plat allant au four (par exemple 15 x 23 cm), saupoudrez du fromage restant et faites cuire recouverte de papier d'aluminium pendant 30 minutes à 190 degrés.

4.   Après 30 minutes, retirez le papier d'aluminium et faites cuire la cocotte pendant encore 15 minutes jusqu'à ce qu'elle soit dorée.

Information nutritionnelle / 1 tranche

- Énergie 110 kcal
- glucides 3 g
- Fibres 1 g
- Protéines 10 g
- matières grasses 7 g

Poitrine de poulet à la chinoise

Ingrédients pour 4 portions

- 800 g de poulet
- 1 petit chou
- 1 oignon
- 250 g de maïs
- 200 g de petits pois
- 250 g de champignons
- 2 cuillères à soupe d'huile de coco (je recommande celle-ci)
- 1 à 4 cuillères à soupe de miel
- 5 cuillères à soupe de sauce soja

- 1/2 cuillère à café de curry
- sel de mer
- Arachides (facultatif)

Préparation

Préparation 40 minutes

1. Faire fondre le miel dans une grande casserole sur de l'huile chauffée en une mousse. Si vous aimez la nourriture chinoise plus sucrée, je vous recommande d'ajouter plus d'une cuillerée de miel. Lorsque le miel commence à mousser, ajoutez la poitrine de poulet coupée en nouilles, remuez de temps en temps et faites frire jusqu'à ce qu'elle soit rose pendant 10 à 20 minutes.

2. Lorsque le jus est complètement évaporé, ajoutez la sauce soja et le chou aux nouilles à la viande et faites cuire à la vapeur jusqu'à ce que

le chou soit bien cuit. Ajoutez ensuite les champignons coupés, le curry, les pois et le maïs. Ajoutez enfin l'oignon finement haché, mais ne le faites plus frire, mélangez simplement. Essayez et, si nécessaire, assaisonnez avec du sel marin. Enfin, vous pouvez ajouter des arachides non grillées.

Servir le plat fini avec du riz ou du couscous, du boulgour, du quinoa ou droit.

Information nutritionnelle / 1 portion

- Énergie 460 Kcal
- glucides 28 g
- Fibres 9 g
- Protéines 56 g
- matières grasses 10 g

Courgettes farcies au thon du four

Ingrédients pour 1 portion

- 1 petite courgette
- 150 g de thon dans son jus
- 1/8 d'oignon
- 1/2 cuillère à café de paprika doux (moulu)
- 1/4 cuillère à soupe de sel
- Origan
- 1 gousse d'ail
- 2 cuillères à café de moutarde
- 3 cuillères à soupe de yogourt grec
- 50 g d'asperges
- 30 g de mozzarella râpée
- 50 g de tofu fumé (facultatif)

Préparation

Préparation 30 minutes

1. Lavez les courgettes, coupez la tige et coupez-la en deux dans le sens de la longueur.

2. Retirez l'intérieur des courgettes avec une cuillère. La pulpe peut être utilisée pour d'autres recettes.

3. Placer les bateaux de courgettes dans un plat allant au four ou sur une plaque à pâtisserie.

4. Dans un bol, mélanger le thon égoutté avec le poivre, le sel, le yogourt, la moutarde, les oignons finement hachés et la gousse d'ail écrasée. Ajoutez le tofu fumé si vous le souhaitez.

5. Mélangez bien les ingrédients et répartissez-les sur les bateaux de courgettes préparés.

6. Placez les asperges nettoyées dessus et saupoudrez de fromage.

7. Cuire au four à 205 degrés Celsius pendant environ 20 minutes.

8. Les courgettes finies doivent être belles et molles, mais ne pas s'effondrer.

Information nutritionnelle / 1 portion

- Énergie 220 kcal
- glucides 7 g
- Fibres 2 g
- Protéines 43 g
- matières grasses 2 g

Pâte à pizza aux courgettes saine

Ingrédients pour 2 portions

- 1 courgette
- 2 oeufs
- 50-100 g de fromage râpé
- sel de mer
- poivre moulu
- Épice à l'ail

Préparation

Préparation 30 minutes

1. Râper les courgettes et presser le plus de jus possible à la main ou avec une serviette.

2. Mélangez ensuite avec les œufs, les épices, le sel (au goût) et le fromage râpé.

3. Décidez vous-même de la quantité de fromage que vous aimez - la pizza a bon goût même avec 50 g de fromage, mais elle devient encore plus délicieuse et ferme avec 100 g de fromage.

4. Étalez la pâte finie sur la plaque à pâtisserie tapissée de papier sulfurisé et faites cuire au four pendant 15 minutes à 190 degrés.

5. Ensuite, couvrez avec les ingrédients de votre choix et faites cuire encore 10 minutes.

Information nutritionnelle / 1 portion

- Énergie 142 Kcal
- glucides 3 g
- Fibres 1 g
- Protéines 13 g
- matières grasses 9 g

Ingrédients pour 2 portions

- 4 œufs
- 1 avocat mûr
- 200 g de fromage cottage
- 40 g de maïs
- 30 g de tomates séchées
- 1 pincée de sel
- 1 pincée d'ail en poudre
- 1 pincée de poivre noir (moulu)
- Oignon de printemps
- Feuilles de laitue

Préparation

Préparation 2 5 minutes

1.   Préparez d'abord les œufs durs (mettez-les dans l'eau bouillante pendant environ 8 minutes).

2.   Laisser refroidir, peler, couper en petits morceaux et placer dans un bol.

3.   Mélangez ensuite l'avocat nettoyé et finement haché, les oignons nouveaux, le fromage cottage, les tomates séchées, le maïs, le sel et le poivre avec les œufs.

4.   Remuez bien la salade et assaisonnez au goût si nécessaire.

5.   Garnir sur une grande feuille de laitue pour servir.

La meilleure salade d'œufs d'avocat saine

Ingrédients pour 2 portions

- 4 œufs
- 1 avocat mûr
- 200 g de fromage cottage
- 40 g de maïs
- 30 g de tomates séchées
- 1 pincée de sel
- 1 pincée d'ail en poudre
- 1 pincée de poivre noir (moulu)
- Oignon de printemps
- Feuilles de laitue

Préparation

Préparation 2 5 minutes

1.   Préparez d'abord les œufs durs (mettez-les dans l'eau bouillante pendant environ 8 minutes).

2.   Laisser refroidir, peler, couper en petits morceaux et placer dans un bol.

3.   Mélangez ensuite l'avocat nettoyé et finement haché, les oignons nouveaux, le fromage cottage, les tomates séchées, le maïs, le sel et le poivre avec les œufs.

4.   Remuez bien la salade et assaisonnez au goût si nécessaire.

5.   Garnir sur une grande feuille de laitue pour servir.

Information nutritionnelle / 1 portion

- Calories 400 kcal
- glucides 16 g
- Fibres 8 g
- Protéines 28 g
- matières grasses 24 g

Spagetti de courgettes avec sauce au thon

Ingrédients pour 2 portions

- 2 petites courgettes
- 150-200 g de thon dans son jus
- 4 à 5 cuillères à soupe de concentré de tomate
- 4 cuillères à soupe d'eau
- 40 g de fromage râpé
- poivre
- basilic
- sel de mer

Préparation

Préparation 15 minutes

1. Lavez les courgettes et épluchez les spaghettis avec un éplucheur. Si vous n'avez pas d'éplucheur, vous pouvez simplement le frotter sur la râpe.

2. Mélangez la pâte de tomate dans une casserole avec quelques cuillères d'eau (la quantité d'eau détermine l'épaisseur de la sauce).

3. Lorsque la consistance de la sauce est souhaitée, ajoutez le thon, assaisonnez de poivre et faites cuire la sauce.

4. Porter à ébullition puis verser sur les spagettis de courgettes .

5. Je recommande de garnir le plat de fromage et de basilic frais à la fin.

Information nutritionnelle / 1 portion

- Énergie 161 Kcal
- glucides 8 g
- Fibres 3 g
- Protéines 23 g
- matières grasses 5 g

Pulpe de pois chiche saine et sucrée

Ingrédients pour 2 portions

- 1/4 tasse de compote de pommes (ou de beurre d'arachide / d'amande) (je recommande ceci)
- 1/4 tasse de lait (de votre choix)
- 3 cuillères à soupe de flocons d'avoine (je recommande celui-ci)
- 2 cuillères à soupe de miel
- 1 pincée de sel
- 1 cuillère de protéine en poudre (facultatif) (je recommande celle-ci)

- Fruits, chocolat noir (70% ou plus), fèves de cacao, raisins secs, noix, noix de coco séchée (facultatif)
- 1,5 tasse (250 g) de pois chiches cuits

Préparation

Préparation 5 minutes

1. Mettez les pois chiches, la compote de pommes, le lait, les flocons d'avoine, le miel et une pincée de sel dans le mélangeur et réduisez en purée jusqu'à consistance lisse.

2. Astuce: ajoutez de la poudre de protéines - si elle est aromatisée, ajustez la quantité de miel (ou l'édulcorant utilisé à la place) en fonction de votre goût.

3. Incorporer les fruits, le chocolat noir, les fèves de cacao ou les raisins secs dans la pulpe lisse et servir.

Information nutritionnelle / 1 portion

- Énergie 176 Kcal
- glucides 35 g
- Fibres 4 g
- Protéines 5 g
- lipides 1 g

Cupcakes aux amandes avec café et crème de cajou

Ingrédients pour 6 portions

- 4 cuillères à soupe d'amandes en poudre (je recommande celle-ci)
- 1 oeuf
- 2 cuillères à soupe de beurre d'amande / d'arachide (je recommande ceci)
- 3 cuillères à soupe de miel
- ½ tasse de lait
- ½ cuillère à café de levure chimique
- 1 pincée de cannelle
- ¼ tasse de cacao (facultatif) (je recommande celui-ci)

Pour la crème:

- 50 g de noix de cajou (je recommande celui-ci)
- ½ cuillère à café de café
- 2 cuillères à soupe de yogourt grec
- 2 à 3 cuillères à soupe de miel
- 1 cuillère à soupe de cacao (je recommande ceci)

Préparation

Préparation 3 5 minutes

1.   Dans un bol, mélanger les amandes moulues (ou la farine) avec la levure chimique, la cannelle et le cacao (pour les cupcakes au cacao).

2.   Ajoutez ensuite les autres ingrédients pour les cupcakes dans le bol et mélangez la pâte jusqu'à ce qu'elle soit lisse.

3.   Étalez la pâte finie dans des moules à muffins en silicone.

4.   Cette quantité devrait faire environ 6 grands ou 12 petits cupcakes.

5.   Cuire au four pendant 17-25 minutes à 175 degrés jusqu'à ce qu'ils soient dorés.

6.   Laissez bien refroidir et sortez-le seulement du moule.

7.   Faites tremper les noix de cajou dans l'eau pendant 30 à 60 minutes.

8.   Ensuite, rincez et mélangez dans un mélangeur avec les autres ingrédients de la crème.

9.   Versez la crème dans la seringue à crème et décorez les cupcakes.

10.   Garnir ensuite de framboises et saupoudrer de café (facultatif).

Information nutritionnelle / 1 portion

- Énergie 175 Kcal
- glucides 19 g
- Fibres 2 g
- Protéines 6 g
- matières grasses 10 g

Dessert de quark à la banane sans cuisson

Ingrédients pour 8 portions

- 2 bananes
- 300 g de fromage blanc fin
- 2 cuillères à soupe de gélatine en poudre
- 100 ml d'eau chaude
- 1 cuillère à soupe de cacao (je recommande ceci)
- 1 cuillère à soupe de miel
- 100 g de fruits rouges (peuvent également provenir du congélateur)

Préparation

Préparation 1 0 minutes

1.   Mélangez les bananes et le fromage blanc dans un mixeur.

2.   Ajouter la gélatine en poudre dissoute dans 100 ml d'eau chaude et mélanger à nouveau.

3.   Lorsque la pâte est lisse, versez-en la moitié dans un récipient / moule et laissez-la reposer pendant un moment.

4.   Plus le dessert doit être haut, plus la forme doit être petite.

5.   Mettez une cuillerée de cacao et une cuillerée de miel (ou autre édulcorant) dans l'autre moitié de la pâte et bien mélanger à nouveau.

6.   Versez la pâte de cacao finie sur la première couche, saupoudrez de fruits frais et placez au réfrigérateur pendant au moins 5 heures.

Information nutritionnelle / 1 tranche

- Calories 80 Kcal
- glucides 10 g
- Fibres 2 g
- Protéines 9 g
- matières grasses 0 g

Farine de pois chiche maison

Ingrédients pour 1 portion

- 100g de pois chiches

Préparation

Préparation 1 0 minutes

1.   Le pois chiche est l'une des légumineuses les plus savoureuses et a un goût de noix subtil. Les pois chiches sont riches en protéines et en fibres et constituent une source parfaite de vitamines B, de fer, de potassium et de magnésium. Les pois chiches ne conviennent pas seulement aux personnes en bonne santé et aux sportifs, mais sont particulièrement

recommandés pour ces maladies: taux de cholestérol élevé, artériosclérose, diabète, constipation, troubles du système immunitaire et cancer. Les pois chiches ne contiennent pas de gluten et conviennent donc également aux personnes atteintes de la maladie cœliaque. Ils devraient faire partie intégrante de tout régime. Les pois chiches conviennent particulièrement aux enfants et aux femmes enceintes car, contrairement aux autres légumineuses, vous ne vous sentez guère gonflé.

2.   D'autres aspects positifs sont la valeur nutritionnelle et la concentration d'acides aminés dans les pois chiches - ces substances agissent contre le cancer. Ils ont un effet positif sur les graisses dans le corps, abaissent le taux de cholestérol dans le sang et ont un effet bénéfique sur la peau. Grâce à leur teneur en minéraux, ils aident également à éliminer la fatigue mentale, abaissent la tension artérielle et ont un effet positif sur l'activité cardiaque.

3.   En ajoutant de la farine de pois chiche lors de la cuisson ou de la cuisson, vous augmentez la valeur biologique du plat. Dans de nombreuses recettes, vous pouvez remplacer une partie de la farine normale par de la farine de pois chiche, mais dans ce livre, vous trouverez de nombreuses recettes qui ne recommandent que la farine de pois chiche.

4.   Pour faire de la farine de pois chiche maison, vous avez besoin d'un mélangeur, d'un hachoir ou d'un moulin de haute qualité (par exemple, un moulin à café).

5.   Mélangez les pois chiches secs en petites quantités à la farine. Tamisez les pois chiches moulus au moins deux fois pour que toutes les plus grosses parties soient trouvées et triées. Plus la farine est onctueuse, plus la pâte sera fine.

6.   Conservez la farine dans un contenant hermétique au réfrigérateur.

7.   Une tasse de pois chiches secs est un peu moins qu'une tasse de farine de pois chiches.

Remarque: si vous n'êtes pas chanceux avec la production de farine, vous pouvez acheter de la farine de pois chiche de haute qualité sur Internet ou dans les magasins d'aliments naturels.

Information nutritionnelle / 1 portion

- Énergie 387 Kcal
- glucides 57 g
- Fibre 10 g
- Protéines 23 g
- matières grasses 7 g

Conclusions

Un régime sans journal est justifié chez les personnes intolérantes, éviter les produits laitiers et acheter des aliments sans journal ressemble souvent à un mode de vie sain - mais n'est pas nécessaire pour beaucoup de gens. Seulement entre 25 et 40% des personnes souffrent d'intolérance au lactose et devraient donc éviter certains aliments afin de ne pas être constamment tourmentée par des problèmes d'estomac. Mais se passer de lactose ne signifie pas seulement éviter les produits laitiers, car le sucre du lait est également caché dans des aliments complètement différents.

Il n'y a aucun effet indésirable à arrêter Diary tant que les nutriments qu'ils fournissent sont remplacés. Le journal est un sucre (disaccharide) qui peut provoquer des intolérances. L'alimentation et le blé sont limités dans les régimes à faible teneur en FODMAP. Maintenant, il convient de préciser que ces régimes ne doivent pas être consommés pendant une longue période. Lorsque Diary est éliminé de l'alimentation pendant une longue période, il est de moins en moins digéré. Le corps cesse de «fabriquer» de la lactase et une intolérance apparaît. Dans ces cas, les laits libres ont indiqué le lait ou le lait «prédigéré» comme yogourt. Le yogourt contient 30% de lait en moins que le lait. Le journal dans le yogourt a été fermenté par des bactéries lactiques qui le transforment en acide lactique.

1